Ich bin der Autor, und der Autor bin ich. Und doch habe ich nicht geschrieben. Ich habe vielmehr ausgespien. Die Worte haben mich heimgesucht. Spät in der Nacht, im Schulbus und in einschläfernden Physikstunden. Aber meistens spät in der Nacht. Sie haben sich in mich hineingefressen und meine Gedärme ausgefüllt bis ich sie nicht mehr halten konnte. Die folgenden Gedichte erzählen zusammen eine Geschichte. Eine Geschichte des Scheiterns, eine Geschichte des Hoffens, eine Geschichte des Suchens und eine Geschichte des manchmal Ankommens. In all den kleinen Zwischenräumen die die Dunkelheit mit Licht fluten. Diese Gedichte sind eine kleine Sammlung chronologischer Momentaufnahmen des Erwachsen, oder zumindest Älterwerdens.

Sie sollen Mut machen sich auszudrücken und Ängste zu benennen. Sie sollen auch den Ausgewachsenen Mut machen ihre Kinder und Jugendlichen ernst zu nehmen und nicht gleich zu verzweifeln sollten sie todessehnsüchtige Gedichte zwischen Marihuana Postern und Haarfärbemitteln finden.

Manchmal wird einfach alles gut. Und auch junge Menschen wollen gehört werden. Sie fordern eine Stimme. In diesem, meinem Fall war es Sprache und Musik. Noch sehr holprig und schwer zugänglich, zugegeben, aber deswegen keinesfalls weniger wichtig. Diese Geschichten waren Heimat und Identität. Sie waren Überleben. Und wenn ich sie jetzt lese, sind sie es immer noch. Ich hoffe sie mögen nie verblassen. Diese Gefühle des Zorns und des Aufbruchs. Dieses Gefühl untrügbarer Liebe und tiefster Verletzung. Dieses Gefühl stolz zu sein wenn Wort gelingen, wo Gefühle scheitern.

Alles muss nicht bis ins letzte Detail interpretiert und dramatisiert werden. Hin und wieder reicht zuhören und lächeln und eine Hand auf der Schulter die sagt: Zweifle stets, aber Verzweifle niemals. Denn am Ende des Tunnels ist jemand für dich da.

Sie schreien dich an, werd' endlich älter.

Werd' vernünftig, los, werd' alt.

Und Jahr für Jahr wird's immer kälter

Und ich mein', es war schon ziemlich kalt.

Wir müssen vor dem, was zählt, hier nicht entfliehen,

Nur weil die Jahre weiterziehen.

Irgendwas bleibt immer 16

Irgendwas wird niemals älter

Irgendwas wird 16 bleiben

Für immer 16 und niemals älter

But Alive

© 2017 Peter Music, 1te Auflage

Autor: Peter Music
Umschlaggestaltung, Illustration: Tredition_Vorlage
Lektorat, Korrektorat: das Leben

Verlag: tredition GmbH, Hamburg
ISBN: 978-3-7439-0386-9(Paperback)
978-3-7439-0387-6(Hardcover)
978-3-7439-0388-3 (e-Book)
Druck in Deutschland und weiteren Ländern

Bibliografische Information der Deutschen Nationalbibliothek:
Die Deutsche Nationalbibliothek verzeichnet diese Publikation in der Deutschen Nationalbibliografie; detaillierte bibliografische Da-ten sind im Internet über http://dnb.d-nb.de abrufbar.

peter music

manchmal ist alles scheiße

gedichte des erwachsenwerdens

Kapitel 1: Fragen: Alter ca.: 13, 14 Jahre

Ständiges Suchen. Herz gebrochen. Spiegelpickeltraumata.

Familienkrisen. Zum Kurzhaarschnitt gezwungen.

Von Schule gelangweilt, und die dörfliche Umgebung

gibt nicht viel her.

Erste kritische Gedanken wachsen als Gegenentwurf zu der Oberflächlichkeit meiner Mitmenschen.

Unberührt. Aufbruch. Zorn. Ich lerne mich langsam kennen und hoffe noch zu wachsen.

The Sex Pistols/ Nirvana/ Green Day/ The Clash

Global Shopping

Geh mal in ein Geschäft
und frag´ nach einem Gramm Wahrheit.
Sie werden stumm schauen
um dir dann
die Birnen im Sonderangebot
anzubieten
aus Südafrika

Im Neonlicht

An dem Tag
an dem das Badezimmerlicht über dem alten Spiegel
zu hell wird
um sich
selbst darin zu betrachten
sollten wir beginnen
uns langsam
mit der Frage auseinanderzusetzen
was wir falsch gemacht haben

Kärntner Landtagswahlen

Fürchte dich nicht mein Engel
erst wenn dein Blick blaue Flüssigkeit erfriert und dein Mund
erstarrt
geformt zu einem Schrei
brauchst du damit zu beginnen
dir Gedanken zu machen
in welcher Kissenlage du morgen
nicht einschlafen kannst

Schlafwandeln

Hin und wieder kommt es vor, dass ich einen Traum habe
einen Traum, der mir offenbart,
wo die Wurzel dieser Plage liegt
die die Menschheit befallen hat.
Nur wenn ich die Augen öffne, und versuche
diesen bitteren Geschmack in meinem Rachen
in Gedanken zu ertränken
kann ich diese Offenbarung noch erahnen, nicht aber erfassen
und alles was bleibt
ist der Blick auf diesen braunen Kran
direkt vor meinem Fenster

Zoo

Ein Vogel
wird potentiell daran gehindert
seine Flügel zu spreizen und auszubrechen
aus dem Käfig des Gehorsams
und der Dressur zur Vermenschlichung.

Ein Vogel
ein juristisches Objekt, eine Sache, ein Ding
das manche zwar Lebewesen nennen
aber eben meinen
Objekt
wie ein alter Schuh oder eine Tasche mit Löchern
ein Spielzeug das auf den Müll wandert,
wenn es keinen Spaß mehr macht.
Nur warum frage ich
gibt es
dennoch
so viele freie Objekte
und so wenig Menschen die es sind

frei

Sargnagel

Der Deckel geht zu.

In Dunkelheit kratzen. Erde von oben. Staubige Luft.

Dickicht und Lehre.

Wo bleibt jetzt die Erlösung, von der ich sprach.

Gestern noch

Dort droben

Ich möchte wandeln.

Hoch oben

auf den bewölkten Dächern der Menschheit

wo die Zufahrtsstraßen ihre Funktion verloren haben

auf der Suche nach meiner Identität

die ihren Sinn verloren hat

hier oben

Ach,

wäre da nicht der Stacheldraht

auf dem die Gedärme unserer Leiber dampfen würden

in Angst anklagend

und sich (ver) sammelnd

in der chemischen Substanz

die wir Himmel nennen

Das Haus meiner Geburt

Ein Haus. Kalt. Gefühllos.

Alle Gefühle abtötend, erfrierend.

Das Tor

eine gewaltige Bestie mit offenem Rachen.

Alles Gute verschlingend.

Das böse Tier

taumelt

bösen Speichel verteilend.

Das Biest der Verdammnis schlängelt sich durch die Straßen,

schreiend brüllend fauchend

wie meine Seele in diesem Zimmer.

Alle Gefühle in diesem Haus sind tot.

Abgestorben.

Gefressen von der Bestie.

Und sie verwesen.

In einem Haus.

Einem kalten Haus.

Einem gefühllosen Haus.

Meinem Haus.

Ohne Brillenverzerrer

Wozu noch Gedichte, fragte mich einst ein Freund
wenn kaum jemand sich die Mühe macht
sie zu lesen,
die wenigsten sie zu sehen
und so gut wie niemand
um einen Blick hinter die Worte zu riskieren?

Ich sagte, Gedichte sind Ausdrucksformen
die durch Liebe und Gefühl
fähig sind
den Beton zu durchbrechen
um dann die Wurzeln blühender Pflanzen zu sein.

Wozu, sagte er, wenn die Menschen sie zertrampeln
und die selbst ernannten Über und Bessermenschen
sie wieder ausreißen?

Ich reagierte mit einem wenigstens,
muss jemand sich die Mühe machen
sie wieder aus zu reißen!

Diese Mühe aber

kontert er

ist zweckentfremdet.

Keine Mühe mehr

Das Ausreißen nicht mehr

als eine zur Metapher verkommene Wirklichkeit

erfolgt durch erfolgreiche Pleonasmen

in einer Fernsehansprache

einmal im Jahr.

Und alles

was ich darauf noch zu erwidern wusste war:

Vielleicht sind sie nur noch da,

um die Illusion zu wahren etwas verändern zu können.

Wahrscheinlicher aber

um die Hoffnung zu bewahren etwas verändern zu können.

Sicher aber,

um die Berechtigung zu wahren Vögeln zu lauschen,

Blumen zu riechen,

Liebe zu fühlen

und die Erlaubnis zum Atmen

zu behalten.

Der Schlaf

Ich fühle

mich

verloren,

umgeben von Dunkelheit,

Angst und Verzweiflung.

Ich will ausbrechen

kann aber nicht.

Hilfe.

Ein Schrei nach oben.

Dann

Plötzlich ein Lichtstrahl

ich halte mich fest und er zieht mich hinaus ins Leben.

Doch was sehe ich?

Ein Mann schlägt seine Frau, eine Mutter ihr Kind,

eine Schwester ihren Bruder.

Bäume sterben und Tiere werden getreten,

Verzweiflung herrscht überall.

Oh nein,

da ziehe ich meinen Hut lieber wieder übers Gesicht

Kosmopolitisch

Ich liebe dich.
Ti amo. Je t´aime.
Te quiero.
I love you.
Verschiedene Sprachen
und doch
sieht man
in allen Ländern
in meinen Augen was es bedeutet
wenn ich dein Foto betrachte

Logik

Ich liebe dich
und weiß,
du liebst mich auch
nur warum
zum Teufel
sind wir dann nicht
zusammen

Bewappnet

Das Wappen unserer Liebe
ist noch immer leer
Ich warte schon so lang darauf
dass du es bemalst und verzierst
doch langsam fürchte ich
dass du
nicht die passenden Farben dafür besitzt
und das Blatt leer bleibt
bis es
liegenbleibt
und in Hunderten von Jahren
verrottet
von nachkommenden Lebewesen ausgegraben wird
und diese
mit Unverständnis erfüllt

Präventivschlag

Heute las ich
dass Pessimismus
frühzeitig erkannt
bekämpft und besiegt werden kann
Dabei ist er doch nur die optimistische Art und Weise
die Wahrheit zu sehen
Sei zufrieden mit dir selber
sagen sie
Spüre deinen inneren Frieden,
sagen sie
Lebe wie du es willst,
sagen sie
und dabei noch immer
schamlos und glücklich in den Spiegel schauen,
sagen sie

Kann ich,
sage ich.
Doch heute Nacht werde ich mich der Frage stellen müssen,
warum ich
dabei das Licht ständig auslasse

Narrenkäster

Ich habe einen Tagtraum

Immer den gleichen

Tag für Tag

Ich gehe mit dir

Hand in Hand

bis an den Rand der Nacht

und zwischen Morgenröte und Sonnenuntergang

im Schein des sanften Mitternachtsnebels

kreuzen sich unsere Blicke,

unsere Augen nähern sich

und verharren in diesem schönen Moment

kurz vor dem Küssen

Nur ein Tagtraum,

ich weiß

und doch habe ich den Traum

dass dieser Tagtraum

eines Nachts kein Traum mehr sein wird.

Hoffentlich

ist er dann

kein Trauma

Wo Gedanken zu denken aufhören

Wo ist der Stift wenn man ihn braucht,

wo das Papier

wo die Freundinnen und Freunde

wo die Worte

wo die Menschen

wo die Pinsel

wo das Fest

wo die Gedanken

wo die tröstenden Worte?

Sie versammeln sich alle zusammen in meinem Zimmer

und starren,

während sie Popcorn und Pepsi in sich hineinschütten

in einen kantigen Kasten

um verwundert

die fünfte Wiederholung einer Seifenoper zu bewundern

deren einzige Existenzberechtigung

in der blinden Ignoranz

der Betrachtenden liegt

Traurig

Es
fühlt
sich
so
traurig
an.

Schauriges Wolkenspiel
auf meinen
tränenden
Augenbrauen.

Ist
denn
niemand
da
draußen
der mich
daran
erinnert
dass es da jemanden gibt
der mich liebt?

Ver-kehrt

Ein Straßenkehrer kehrt, mitten im Verkehr
bis er wieder in seinem Stammlokal verkehrt
mit der kleinen Dirne mit dem großen Mund.
Und während er seine gute Kinderstube vom Tisch kehrt
wie Anklagen gegen österreichische Bundesbeauftragte in Grün
muss er herzhaft gackern.
Richtige Richtungen sind nicht die Richtungen die sich nach
Richtlinien richten
sagt der Richter, der
(bevor er seine Frau
mit der blonden Sekretärin am Richtertisch kavaliersdeliktet)
im Namen der Gerechtigkeit
Unschuldige richtet ohne selbst
gerichtet werden zu können
So richtet er sich
nach der Richtlinie des Bierpreises
als er feststellt –
dass ihm vorkommt dass 300 Schilling (eine halbe Stunde Glück)
etwas viel seien für einen
ausgewichtslosen Ausländer.
Richtig oder falsch kann ich nicht sagen
Verkehrt schon irgendwie

Essay des Essigs

Schreiben wollte ich schon immer,

nur wie die Worte dafür finden was man sagen möchte

Wie etwas sagen möchten?

Kompliziertes Leben um Individualismus zu simplifizieren

Warum muss man wissen was man will

um zu kriegen was man nicht braucht?

Existenzialistische Sinnsuche, Ontologie des Daseins,

Wie kann man sehen was man zu sehen verabscheut,

wie die Augen nicht abwenden?

Graue Pupillen auf einer Straße,

das Heulen einer toten Katze

im arroganten Lächeln des nächtlichen Mondes.

Sein Licht ist getrübt

durch die Scheinwerfer die unseren Todeskampf beleuchten.

Wie kann man sie abstellen?

Gras aus Mörtel.

Braunes Wasser aus braunen Röhren,

das alles zu vergiften scheint

Der Wille will wollen,

doch wird er getreten und gehindert am gehen

das Streben nach Höherem ist das Streben nach dem Tod

sagt mein Gehirn

das Streben nach dem Höheren

ist der Wunsch

mit der Person zusammen zu sein die man liebt

sagt der große Scheinwerfer in meinem Herzen

Nur

Was wäre wenn es wäre wie es nicht zu sein scheint?

Was wäre wenn es nicht wäre wie es war?

Was wäre wenn es nicht wäre wie es ist?

Was wenn es nicht das ist was es ist?

Was wenn alles nicht ist oder Nichts?

Was ist wenn wenn wenn wäre

anstatt

 wenn wenn nicht wenn wäre

was wäre

wenn

dann real?

Hypokritisches Betrachten indifferent langer Pfähle

in einem Garten toten Geästs.

Nennen wir es Geburt

und ich weiß es ist falsch wie so vieles

Doch was ist so schlimm an Heuchelei

wenn es die Menschen

für wenigstens

5 Minuten einander näherbringt?

Gutes altes Mauerwerk

Alte Häuser versuchen uns mit letzter Kraft
Lieder zu singen - vergangener Feste und deren Bedeutung
Doch kann man keine Worte mehr verstehen da sie durch Lungen
mit Löchern groß wie Atomkratzer gepresst werden

Doch irgendwie ist noch eine Melodie erahnbar die im Leid
von fröhlichen Dingen zu erzählen versucht
selbst im Tode den Kopf in den Sternen
und alles was sie erblicken sind Schmutz und Bagger
und bevor sie verenden nochmals der finale Schluss Refrain

ermordet durch die Technolution im Auftrag der Menschen
die man auf gewisse Gruppen reduziert
um sich selbst frei von jeder Schuld zu fühlen

So nennen sie manche Politik, manche Kapitalismus,
manche Technologie, Globalisierung, Umweltverschmutzung,
Krieg, Tradition, Gesellschaft, Ausländer*innen, Erziehung
und manche manches…

Ich nenne sie einfach Menschen.
Verzweifelt, vergessende, verlorene Menschen

Kapitel 2: Weinen 15, 16

Erste Protestkultur und Kennenlernen von städtischen Ritualen.

Bei den PunkerInnen im Stadtpark sitzen. Alkohol und Zigaretten.

Und ein wenig Hippie.

Einfach nirgends richtig dazugehören.

Elternkampf. Erste musikalische Schritte. Wer bin ich?

Und warum bin ich so?

Verzweiflung und Wut. Musik als Lebensentwurf.

Die ersten Konzerte als Sänger einer Punkband. Fuck the System.

Ich esse fast kein Fleisch mehr.

The Doors, Slime, Tocotronic, Ton Steine Scherben

Vom Herzklopfen

Die Liebe ist die höchste institutionalisierte Emotion
und zugleich die niederste allen rationalen Geistes.
Macht sie das nicht interessant?
Die Liebe ist mehr als Trieb,
mehr überschüssiges Hormon und weniger Herzfehlfunktion.
Macht sie das nicht gerade begehrenswert?
Die Liebe überwindet Grenzen, verursacht Schicksal
und doch ist sie nur interpretierte Veränderung
von Gehirninformationen.
Macht sie das nicht gerade mächtig?
Die Liebe ist der Schaltkreis im Tier Mensch
der niemals exekutiert werden kann
und keine Befehle befolgt.

Macht sie das nicht gerade verwerflich und gefährlich?
Die Liebe kann nicht eingesperrt werden,
verboten oder verurteilt.
Sie kann nicht strafrechtlich sanktioniert werden
und das
macht sie wohl einzigartig.
Also komm
komm in den Widerstand, und liebe.

Weg aus dem Dorf

Und wir bleiben hier
erstarrt
und bewachen unsere Geheimnisse
verstecken die Bilder
Momentaufnahmen von Schreien
und ein Gefühl von Hoffnung das die Wut
in der Luft zerreißt.
und unterm Strich bleiben die alten Fragen
und die Antworten in den Wolken
doch mit dem Blick auf den Boden unerreicht.
Und wir kehren heim
wo auch immer das ist
während sie bleiben in unserer Brust
und zerreißen sie
jeden Tag ein Stückchen mehr
und darunter schlägt ein Herz
und trampelt auf dem Schmerz
Es schlägt um zu atmen
und schweigt um Luft zu holen
und wünscht sich das
endlich Ruhe einkehrt.
Endlich.

Zwölf Stunden

So viele Dinge
die ich dir gerne sagen würde,
so viele Fragen,
die ich dir gerne stellen würde,
und so viele Antworten,
die ich fürchte…

doch jedes Mal

wenn ich versuche die Fragen
und die dazu passenden Antworten
in meinem Kopf zu ordnen und sortieren

zerbrechen sie
und
zerstechen mein Herz
mit ihren kleinen
Splittern

Abendessen

Ich hasse es
das Blut
von der Straße
zu lecken.

Die Qual
ein Spiegelbild
zu sein.
Ein Spiegelbild einer Gesellschaft
die mir nicht gefällt.

Meinen Mund
nur noch
geschlossen zu halten
um
meinen Magen nicht zu entleeren.

Und jeden Morgen bleibe ich stehen
und verliere
eine Träne an das Leben

In die Augen, Kleines

Ängstige dich nicht will ich sagen,

alles was ich wirklich will ist Ehrlichkeit

Eine bodenlose Lüge wenn ich daran denke,

dass das dasjenige ist

wovor ich mich am meisten fürchte

Sonntagszeitungswerbung

Wirre Gedanken manifestieren sich auf einem Blatt Papier.

Sie sind leer,

entbehren jeglicher Aussage

und sind sogar

irgendwie banal

Und doch glaube ich daran

wenn ich

denke,

sage und

schreibe

Nicht noch einmal!

Vom Selbstversauen

Ständig versuche ich mir einzureden,
dass wenn man wirklich liebt,
diese große Liebe nicht unerfüllt bleiben kann.

Warum verkrieche ich mich dann in einem Schneckenhaus
und schleppe es zur Hauptstraße
um nur ein weiteres verschollenes Objekt zu sein
das es kaum wert ist
betrachtet zu werden

nicht wert...

In der Zeit in der ich dies schrieb
verhungerten 20000 Kinder.
30000 Menschen wurden ermordet.
800 Millionen Dollar flossen in die Rüstungsindustrie
und einer,
ja einer
begann an der Hoffnung der Liebe
zu zweifeln

Jegliche Lust vergessen

Bist du niedergeschlagen wie ich?
Ich weiß, ich kann die Regeln dieses Spiels nicht ändern.
Ich bin nur der
der die Worte heimlich auf Wände schreibt
die andere leben
und selbst dazu fühle ich mich meist zu winzig.

Ich weiß, ich brauche dich nicht,
und muss nicht mit dir sein,
doch ohne dich möchte ich nicht.
Und so ist alles woran ich denken kann
der Duft deiner Haut,
bevor er im Gestank der Großstadt untergeht

Vergänglich

Lange Zeit. Die Sanduhr selbst schon Staub und Sand.
Die Zeit selbst schon
vergänglich.
Und die fallenden Körner starren mich an
und fragen immer noch
Warum

Also B.

Es ist nicht die Zeit die uns davonläuft
sondern der Stillstand der uns hält.
Der Schein den wir wahren,
das Sein, das nicht verletzt werden will
Ich gebe zu ich habe Angst,
aber wenn das der erste Schritt sein soll,
so werde ich ihn gehen.
Nur wünschte ich,
dass endlich jemand kommt
und mir die richtige Richtung
zeigt

Eigentlich.

Eigentlich ist es ja absurd
sich ab etwa 14 ein Ereignis
mit innigster Aufregung
herbeizusehnen
vor dem man sich
in der Tiefe seiner Existenz
fürchtet

Ringkampf

Schwarze Schatten

malt die Angst in hasserfüllte Gesichter

die ohne jeglichen Grund

mit der Liebe ringen

obwohl sie wissen,

dass eine Niederlage

mit einem Sieg

gleichbedeutende wäre

weil

Verzweiflung und Verlorenheit

allzu nah

beinanderliegen

und Glück und Pech Geschwister sind,

die jeden Abend

miteinander schlafen

und

namenlose Kinder gebären

Und du fragtest, warum ich dich nicht lieben kann...

Wenn das Make Up (male up)
zu bröckeln beginnt
und der Lidschatten
literweise
über Deine Wangen läuft
wird einem fast der Eindruck vermittelt
als würde
ein Stück
gütige Menschlichkeit
in dir stecken.

Anatomisch falsch.

Der Mond ist
angefüllt mit Schmerz
wo bleibt der sanfte Sommerregen,
um den Schmutz wegzuwaschen
der in den
dreckigen Fußabdrücken der Blauäugigen
hinterlassen wurde

(H)Artmetall

Ich klopfe auf Stahl, doch er weigert sich zu brechen

Ich lese in einem See, doch kann ich nichts darin entziffern

Ich lausche einem Stein, doch ich konnte nicht verstehen

Ich beobachtete einen Wald

doch konnte nichts in ihm erkennen

Als der Teller eines Reklamebüros

dies zu Ohren bekam,

nickte er verständnisvoll

Und sprang mit dem Stahl,

dem See,

dem Stein

und dem Wald

aus den 10 Stöcken eines Mietvertrags

der vergessen hatte

den Wecker zu stellen

Der Spaziergang nach der Ermordung des Friedens im Garten

Wenn ich so durch die Welt flaniere,
erblicke ich rings um winzige Flecken mutierter Natur,
ausgebeutete Frauen nackt von Plakatwänden weinend lächeln
um sich nicht auf die heraushängenden Zungen
potentieller Vergewaltiger übergeben zu müssen.
Tiere am Körper gewärmter Menschen schreien
oder am Teller eines Feinkostrestaurants bluten - ohne Wahl
Ich sehe Arbeiter den Presslufthammer
in der 55$ die Stunde Monotonie schwingen
und Verlorene langsam Selbstmord begehen.
All das Leid kann ich nicht beschreiben –
es würde all die von uns bekannte Literatur an Länge
übertreffen
und in seiner Gesamtheit Vietnam an Grausamkeit
Abgelenkt wird man von Fernsehsendungen die uns
ethisch, moralisch und logisch falsche Schlussfolgerungen
und Ansichten von Leben, Freundschaft und Liebe vermitteln.
Wir sehen es an. Lachen oder Weinen. Und schreiten fort,
mit dem Dualismus von ausbeuten und ausgebeutet werden.
Wenn die Wahrheit darin besteht Lügen zu euphemisieren
so will ich kein Teil dieser Lügen sein.
Und schon gar kein Teil dieser Wahrheit.

Hollywood ist schuld daran

Ich liebe.
Leere Worte auf Papier,
das war nicht immer so.
Sie scheinen ihre Bedeutung verloren zu haben,
in Deinem Ohr.
Hat jemand Schuld daran, oder bin ich einfach nur paranoid?
Abgetragen durch Klischees
verletzt durch Lügen, entkräftet durch die Taten anderer.
Verbraucht von fremden Lippen
und verschwendet von losen Zungen.
Doch sind es die einzigen die ich habe,
um annähernd ausdrücken zu können
was ich empfinde für dich
und die uns helfen könnten
den brüchigen Baumstamm
über dem Abgrund der Sinnlosigkeit zu überqueren
aber wir werden riskieren müssen
sie uns gegenseitig zu geben und zu beweisen
um dem Sinnlosen Sinn zu geben,
um über die Schlucht zu gelangen.
Ich stehe in der Mitte und gab dir meine,
das Holz beginnt zu rutschen, wo bleiben deine?

Zukunftsvision

Wie lange noch atmend sterben
Wie lange noch
ein Blatt Papier dafür verantwortlich machen
dass alles zu spät ist

Wie lange noch
dem blauen Halbmond Vorwürfe machen

Wie lange noch Mensch spielen
Warum nicht Löwe
oder Ameise
oder einfach nur
Gott

Nur für Minuten wenigstens entscheiden über
Leben und Tod

Aber – Verzeihung
das tun wir ja bereits

Der Prozess

Ich beging den Frevel,
die höchste Institution
der Emotion
zu betrügen,
in dem ich mich selbst belog.
Und obwohl es
kein Gesetz
in unserem so gerechten Rechtssystem gibt
das mich dazu zwingen kann
gegen mich selbst auszusagen
fürchte ich
ich werde wenige Chancen haben
den Prozess gegen mich zu gewinnen

denn

mein Anwalt heißt Gewissen

Nur ein Gedicht?

Nicht mein Ziel ist es ein Kunstwerk zu schaffen
ein Gedicht aus ausgewähltesten Reimen
und von grammatikalischer Schönheit
vielleicht sogar im elegischen Distichon

Nicht mein Ziel ist es von Taten großer Männer zu zeugen
sondern
von der ungeheuren Ungerechtigkeit unseres Staates
jeden Staates

Von der Unmenschlichkeit der Menschen Herzen
und von der Unbarmherzigkeit der Wirtschaft
Von der Unbesonnenheit der Wissenschaft
und von der Unnachgiebigkeit der Kirche

Nicht mein Ziel ist es als Schundliteratur dienen
für spätere Unterrichtsklassen
sondern als Stimme für das Jetzt.
Es gibt sehr viel zu tun.

Die Vorlesung

Die Wahrheit fängt an, wo das Falsche beginnt
sagte ich einst
vor versammelter Menge
mit dem Rücken zur Wand
weil ich keinen Weg fand,
meinen Gedichten anders Ausdruck zu verleihen

und als ich fertig war, drehte ich mich um
und es war keiner mehr da
was meiner Ausschreitung
endlich Bestätigung zuführte.

Schade nur,
dass niemand mehr da war
um es zu bemerken

Kapitel 3: 17, 18: Schreien

Schule beenden. Lebensabschnitt abhaken. Und schon wieder... Herz gebrochen – oder noch immer. Das Gefühl von Freiheit und Entfesselung. Wir beginnen Marx zu verstehen (oder es zumindest zu glauben). Die Musik wird lauter. Die Hosen rutschen weiter nach unten. Zwischen Landjugend und politischer Revolution: Suchen und weitersuchen. Menschen kaufen meine Musik.

Und erste Versuche erwachsen zu werden scheitern. Arbeiten macht keinen Spaß, die ernsten Studien werden hingeschmissen. Auszug. Abnabelung und ein Bescheid. Nichts funktioniert.

Ich esse kein Fleisch mehr. Wut. Die Welt muss brennen.

Propagandhi, Dead Kennedys, NOFX, But Alive, Suicide machines

Wie

Wie wollen sie mich verletzen

mit Drohungen oder hassgeschwängerten Worten

Wie wollen sie mich verletzen

mit Schwertern und Kanonen

Wie wollen sie mich verletzen

mit Arresten und Verboten

wenn alles was es braucht

das Vorzeichen einer Träne in deinen Augen ist

um mich betrübt zu machen

oder der alleinige Anblick deines strahlenden Antlitzes

(ein Sonnenaufgang des Lächelns)

um mich trunken zu machen

um zu verstehen,

dass sie nicht können

was sie wollen und versuchen

solange deine Hand die meine hält

mich verletzen

Erfahrung

Ich habe die Erfahrung gemacht,

dass wenn der Altbaumörtel zu bröckeln beginnt

und die Kindertapete mit den Enten sich löst

während der Schwarzweiß Fernseher in Reparatur ist

und zwei Menschen

sich noch immer in die Augen schauen

und bemerken,

dass ihnen dies nicht zum lästigen Alltag geworden ist

das Leben einen Sinn zu haben scheint

Aber ich

bin ja nur eine geförderte Mietschutzwohnung

aus dem Jahr 45.

Das vorletzte Abendmahl

Der Wurm taumelt langsam
durch das Gebirge der schreienden Eingeweide
blutverschmiert
eine Lunge hier - eine Leber da
dort eine Milz – fast unversehrt
ein Stücken Hirn, und einmal Niere
püriert, tranchiert oder gar geröstet?
Mit einem in siedendem Fett gebackenen Herz verziert
und mit Erdbeeren aus Nachbars Garten garniert?
Schluss dekoriert mit einem Billet aus Zuckerguss
Happy irgendwas.
Ein Ornament des Aderlasses
Gewürzt mit indischen Zwiebeln.
Ein Festessen für selbst ernannte Politiker.

Aufbruch 1998

So gehen wir also
ins Haus des Nebels
um uns umringt von 53 jährigen Leichen
den Beweis zu holen,
dass sie noch immer sterben

Irritiert

Ich weiß nicht was es war.
Vielleicht war es einmalig und kommt nie mehr zurück.
Einzig. Artig.
Vielleicht war es auch nur der billige Wein,
aber es war
ein Moment Unendlichkeit.
Wie soll ich mich heute dafür entschuldigen?

Zitterknie

Ich weiß nicht was ich sagen werde,
wenn ich wieder vor dir stehe
Wahrscheinlich
genau das was ich hätte nicht sagen dürfen

Ich hoffe nur
du sagst das Richtige
noch bevor
ich den Mund geöffnet habe

Ich hoffe nur du sprichst
die Sprache der Liebe

Existendenz

Manchmal,
an Tagen
an denen Menschsein so einfach ist
wie
der physiologische Drang zu atmen

an denen Worte zu schade sind
um sie zu verschwenden
und man sich eingesteht,
dass man sich hinter der Wahrheit versteckt

an denen man stundenlang umherirrt,
um dann vor einer bekannten Tür zu erstarren
ohne zu wissen warum,

muss ich lächeln
während ich bitteres Salz
auf meinen Lippen küsse

Mainstreaming

Du
bist
alles für mich

Du
solltest alles sein
für jeden

Du bist
alles für mich
und doch
nichts
für irgendjemand anders
(nichts natürlich
in der Relation
zu allem gesehen)

Warum bewegst du dich aber ins Nichts,
wenn du doch
alles haben könntest

Status quo

Das ewige Gestern, zu Mittag verdaut und ausgespuckt

Stalin ist hier. Graz Barcelona.

Die Linken 1936, wählen sozialistisch

und zeigen mit den Fingern auf Ausländerinnen.

und Auffällige. Eigenbrötler wie sie es bezeichnen.

Aufmüpfig wäre ja diskriminierend

Der Herr Frauenministerin nimmt den Penislosen

die Gewehre aus der Hand und stellt sie an den Rand.

Dort seien sie dem Kampfe dienlicher…

Stalin und Hitler, Hand in Hand, tanzen

ein bisschen Mussolini.

Fantastische Koalition. Fantastische Opposition.

Kleine Fische beißen Löcher in unsere Auffangnetze

Das erspart dem Steuerzahler Geld

und den Gesichtslosen Arbeit (kontraproduktiv)

Wenn euer links sein heute meint,

nicht ganz rechts zu stehen, ist es vielleicht Zeit

einen Baum zu pflanzen, eine Blume zu setzen,

Getreide zu säen

oder

ein Volk (was auch immer das ist)

wieder mal in seinem eigenen Gestank baden zu lassen.

Nur ein Hauch

Ich will mehr sein
als nur eine Erinnerung
auf einem verwelkten Blatt Papier,
mehr
als ein flüchtiger Gedanke
von dem man nicht recht weiß woher er kommt,
mehr als eine Ahnung auf einer verstaubten Halskette.
Ich will mehr sein
als die Sicherheit dass jemand da ist,
der dich immer lieben wird.

Ich will doch nur der Teil sein, der auch von dir geliebt wird.
Und so wünschte ich mir manchmal du saugtest mich aus
bis auf den letzten Tropfen
und spannst meine leblose Haut
über das Haupt von dir und deinen Liebsten wenn es regnet

sodass dieses mein leben
zumindest irgendeinem Zweck dienlich war

Fair

Du sagst es ist unfair
Doch was ist unfair,
dass ich dich liebe?
Du sagst es ist unfair,
doch was ist unfair,
dass du mich liebst?
Du sagst es ist unfair,
doch was ist unfair,
dass wir uns lieben?
Du sagst es ist unfair,
doch was ist unfair
dass das Schicksal uns nicht auseinanderreißt
durch persönliche Tragödien?

Du sagst es ist unfair,
aber müssen wir erst absterben
damit es ist was es sein soll?

Fair

Geschichten

Du könntest mir erzählen,
du kamst auf einem kristallenen Schiff
von der anderen Seite des Universums
und ich würde dir glauben
Du könntest mir erzählen dass einer der alten Götter
dich als seinen Engel aussandete um meine Seele zu erretten
und ich würde dir glauben
Du könntest mir erzählen dass du ein Teufel bist
ausgeritten aus der Hölle um meine Seele zu holen
und ich würde dir glauben

Überhaupt glaube ich dir alles
weil
ich dich liebe
Wenn du mir aber sagtest
du bist ein einfaches Mädchen vom Land
das sich in mich verliebt hat
einfach so
glaubte ich dir nicht
Denn ich bin seriös
und erkenne Märchen schon im Ansatz

Alltagsgrauen

Hände
die
sich
in
Popcornschüsseln
begegnen

während
wir
uns
Opern aus Seife
im Fernsehen ansehen

vor kurzer Zeit noch
undenkbar

doch Du

verleihst dem ganzen
eine total andere Perspektive

Guter Rat

Ich empfinde für dich. Doch was bringt es…
Ich pflücke dir grüne Rosen. Doch was lohnt es
Bei sich selbst muss man anfangen, höre ich sie schreien
Doch wie kann ich
während um mich Menschen sterben
Unsichtbar für das menschliche Auge weil es so viele sind
dass die Konturen ihrer fallenden Körper verschwimmen
zu einem Anschein
Beirutsche Kinder sterben mit Schaum vorm Mund
wegen der Phosphorkapseln
Was lohnt es Dich zu lieben
in einer Welt die die Liebe stündlich verzehrt
Wann lohnt es, und wofür
Ich kann bei dir nicht beginnen
so tu ich es bei mir
und sage:
Und doch
Und doch liebe ich Dich

Doch was lohnt es?
Was auch immer,
ich hoffe es lohnt sich bald

Wenn Worte Wahrheit wären

Du sagtest du liebst mich
und du zitterst am ganzen Leib.
Ich sage ich liebe dich
Und glaubte noch vor einer Sekunde fest daran
und werde
auch in der nächsten Sekunde wieder daran glauben
Aber es bleibt diese eine Sekunde
in der ich glaubte diese Worte
sind nur ein Schattenspiel meiner Gefühle,
die sich daran erlaben
anderen Menschen weh zu tun

Und doch glaube ich
weiß ich
hoffe ich
ich
liebe dich
und doch bleibt
diese eine Sekunde des Zögerns
vor der ich Angst habe
dass sie mich ansieht und verschlingt.
Diese eine Sekunde

Geschichtsprüfung

Das kann doch nur einem Wahnsinnigen einfallen
(oder einem neoliberalen Zeilenverdreher)

bedrucktem Papier zu dienen.

Und im Geschichtsunterricht erzählen sie uns
Nero wäre verrückt gewesen

Grinsekater

Zwischen jedem zweiten Lachen möchte ich einmal
kurz
weinen, und mache mir Sorgen
weil ich so oft lachen kann

Schnäppchenjäger

Ist es nur die Angst?
Illusion?
Wer braucht schon Freiheit
solange es noch Sonderangebote gibt

Fingertipps

Dieses Zittern bei zufälligen Körperberührungen.
Dieses sich in die Augen blicken, das zu Augenblicken wird
in denen man weiß
das man gleich lächeln muss.

Dieses wundervolle Gefühl,
das den ganzen Körper erfasst und ihn duften lässt.
Du warst, nein du bist, nein du wirst
das Beste sein dass mir jemals passiert ist.

Und ich ließ dich gehen. Einfach so
nur um deinen Spuren im Schnee nachtrauern zu können

und alles was bleibt

ist der Schatten deiner schönen langen Haare
der vom Mondlicht
auf die weiß bedeckte Schotterstrosse geworfen wird.

Laientheater

Wie Puppen
Leid und Tod
willkürlich ausgetauscht

Wo sind die Fäden, und vor allem
welches Material ist so transparent,
welche Klinge so scharf
so glatt um sie zu küssen?

Welches ist die Rolle die dem Publikum gefällt?
Quängeler mag es nicht.
Depressive. Kämpfer, Realisten,
Irrealisten, Surrealisten, Atheisten, Anarchisten....

Den Huberbauern von nebenan müsste man spielen,
mit dem Weib mit dem Schmollmund und den großen Brüsten
und dem dummen Kind,
das über seine eigene Scheiße lacht

Kapitel 4: 19, 20: Hoffnung

Zivildienst. Gute Zeit. Berufung soziale Arbeit. Angekommen? Musik wird düsterer und härter. Ich schreie. Ich bin zufrieden, und doch unruhig. Da draußen muss es noch mehr geben. Beziehungsidylle versus gepackte Koffer und Wochen in dunkeln Kellern.

Studium geschmissen. Ich spiele Karten. Mit Bands abzuhängen bringt auch Spaß. Ich lerne mich weiter kennen. Und fürchten. Das ewige Warum mit einem Grinsen und einem Shot hingenommen. Beruflich fix angeheuert.

Soziale Arbeit: Wir bleiben dir treu. Und Punk Rock.

Achja, ich esse auch keinen Käse mehr.

Newborn, Carthasis, Ani di Franco, Strike Anywhere

Reiseproviant

Aufstehen.
Einsteigen
in den Zug
der täglich seine Runde dreht.

Zwischen all den kleinen Schreien,
die nirgends halten.

Ich habe ein Zündholz,
doch nirgends schwimmt Benzin.

Und während es
in der plutoniumgetränkten Sonne
langsam
schmilzt,

scheint es mir
als hätte der Tag sein Ende verloren.

Qualen nach Zahlen

Zeitgemäßes Sterben
in einem Loch aus Ablehnung.
Falsche Wärme
aus kalten Mäulern
tötet selbst die Verzweiflung
und vertreibt die Angst.

Schreiben ist mehr Malen als Sprechen.
Wort ist mehr Farbe als Geometrie.

Wie will mir jemand erklären,
dass ich sterben muss
wenn mir nie jemand zeigte
wie ich leben kann?
Wie soll ich jemals lieben
wenn ich nicht weiß
wie ich fühlen soll?
Und warum
verändert sich die Zeit so schnell
dass du nicht spürst,
was ich für dich empfinde?

Programmmodus

So viele Gründe
gibt es zu schweigen.
So viele
das Band
das synchron
in unseren Gehirnwindungen geschaltet ist
einfach
weiterlaufen zu lassen.

Noch mehr
alles so zu belassen wie es war,

bevor
ein Grund aufgetreten ist
um es zu verändern.
und nur einen
der dich daran hindert:

Du hältst es einfach nicht mehr aus.

Gehirnakrobatik

Ich denke,
denke viel und denke oft
an dich
auf dich
über dich
unter dich
nach dich
nach dir
und vor.

Manchmal sogar dahinter
steh ich meist daneben,
und
keiner meiner Gedanken kann meine Fragen beantworten

Also mach ich es wie beim Gehen
einen Schritt nach dem anderen
und versuche dabei
nicht über meine eigenen Füße zu stolpern

Morrissey hat immer Recht

Solange
der Gestank Duft ist,
werden sich die Wolken
um unser Gewissen
nicht lichten

Erkenntnisgewinn

Manchmal kann ich das Monster zu dem ich geworden bin
mit der Zeit
in Konturen erkennen
im Spiegel
und da hilft kein putzen und konservieren

Ich stinke von innen
nach Verderbnis und Fäulnis
eingebettet in dem Wunsch
es immer allen recht zu machen
und erkrankt an der Erfüllung
eines ganz normalen Lebens

WörterEi

Lehrheit

Leere Sessel

Leere Tische

Mensieren befaten dir

Al – leine in einer Verzweifwelt

Rationaliebe oder Gefürcht

Marximale Gehspräche verschotzen mich

vor Discotieren

Wir Negetieren in einem Raum

wie es einem gewählt

(gewahlen hat)

Fahl

Lampenschein auf blasser Haut

nass glänzend, sich fürchtend

vor dem Morgen des Morgens

Nie hätte ich gedacht dass du so schön bist

wenn die Tränen deine Augen

verlassen

immer noch

Zu spät

Täglich
grüßt er mich
heiser
vom Inneren seiner Reißzähne aus
und winkt mir zu

Lange
verleugnete ich
ihn
zu kennen.

Doch ich weiß,
jetzt
irgendwann
werden meine bitteren Tränen
seine Existenz begründen

Dennoch Worte.

Mein Name, dein Untergang
Ich rufe dich beim Namen Angst
Palästina brennt
Israel blutet
Gefangen im Abgrund des Glaubens
Gespalten
Steine auf Jerusalem

Deine Paläste spiegeln
den Sonnenuntergang
in der Hitze des Gefechts
Palästinensische Männer, israelische Frauen
Palästinensische Kinder, israelische Krieger
am Kaminsims des Fegefeuers

Dazwischen ein Staubkorn das unaufhaltsam wächst
ein Dorn aus Uran in meinem Auge
langsam
beruhigt sich meine schmelzende Zunge und
ich benenne die Ungerechtigkeit beim Namen

denn alles ist besser als zu schweigen.

BGBL 43215/4a

Richte mich, wenn du kannst
doch erzähl mir nachher nicht es täte dir leid
wenn langsam Blut
von der Decke auf den Stahlträger
meines Untergangs tropft

Schlafdurst

Sitze im Rachen eines Krokodils
zähle seine Zähne
und frage es, ob es Hunger leidet.
Es?
Träger Staub im Flussbett,
das einst gefüllt mit Wasser war.
Was löscht jetzt deinen Durst, um den Appetit zu regen?

Abschiedsmelodei

Münderöffnung
geeinigt in einer Melodie
Die gemeinsamen Worte
stumm hängen geblieben am Abzug

heim.at

Wohin kannst du gehen,

wenn dein Zuhause deine größte Furcht ist

Wohin kannst du gehen

wenn dein Vaterland dein Muttermörder ist

Was kannst Du trinken

wenn dein Wein das Blut deiner Brüder und Schwestern ist

Was kannst du trinken

wenn deine Milch Tod bringt, und dein Wasser Syphillis

Mit wem kannst du sprechen,

wenn dein Nachbar tot ist, und deine Tanten

ihre Ohren in den Trümmern ihrer Leben verloren?

Mit wem kannst du sprechen,

wenn dein bester Freund mundtot ist

und die Wand mit Ziegelsteinen auf dich wirft

Was kannst du tun, wenn deine Rückkehr Selbstmord heißt

Was kannst du tun wenn dein Hierbleiben Völkermord bedeutet

Wie kann man Ausländer sein

wenn man nirgends mehr zu Hause ist

Wie kann man Ausländerin sein,

wenn man nirgends Inländerin ist

Wie kann jemand Mensch genannt werden?

der andere Menschen als illegal bezeichnet

Wiederholungen

Die alten Leichen lassen mich erneut fürchten
dass die Geschichtsbücher
verstauben werden
bis sie
nicht mehr sichtbar sind
und dieselben Fehler
als noch größere Bomben
auf uns herab fallen

Kleider machen Leute

In meinen Taschen
trage ich literweise Hoffnung.

Und bin bereit
sie über euch zu ergießen
wenn
mir nur einer sagen kann,
wofür

teiloperativ

So viele Worte verschwendet
So viel Energie für nichts vergeudet
Gefangen in leeren Worthülsen
auf halbweißem
Recyclingpapier

Zu viele Liebesgedichte schon gibt es
die versuchen
jenes wundersame Wort
auf den Kopf zu stellen
und ihm die Zähne einzuschlagen

Und doch bleibt da ein Verlangen zu sagen
was schon zu oft missbraucht wurde
und nicht
in 3 Worte zu zwängen ist.

Ich möchte den Zahnputzbecher mit dir teilen,
am morgen
nach dem Heute.

Einblick

Im Spiegel
ein Feuer aus Briefen
Gefrorenes Wasser
verzehrt täglich meine Schuld
und erbricht sie zurück
ins Reich der Sinnlosigkeiten
Auf meiner Zunge haften Fesseln
und binden den Himmel meiner Augen
an den Asphalt
wo sie ein holpriges Rad erkennen

und als es durch den Spiegel kullert
bluten
die Scherben langsam
auf den demütigen Schleier meiner Jugend
und spiegeln in greisen Sonnenstrahlen
verträumte Glückseligkeit
im Mantel unendlicher Nacht

Kammerflimmern

Kaum hör ich mein Herz noch schlagen
wir müssen schreien
aus vollem Hals
Damit wir uns noch Gehör verschaffen
zwischen all den Fabriken,
den Autobahnen
und den Wehklagen

Eine Nacht mit Thomas Bernhard

Ich kann nichts fröhliches mehr schreiben
und weiß nicht
liegt es an dir oder liegt es an mir
liegt es in dir oder in mir
Lag es nie in mir?
Lag es je an dir?
Wahrscheinlich, vielleicht
liegt es aber auch daran
dass nichts in mir liegt
außer dir eingebettet in all den beschriebenen Blättern
meiner Gefühle zu dir

Neue Schritte

Nur nichts mehr entscheiden heute

Gehockt im Gebüsch warten auf Beute

Ein Glas kaltes Wasser Tomaten und Brot

morgen sind wir vielleicht tot

Wieder mal sind wir soweit, und wieder mal stehen wir bereit

um zu schreien wo uns niemand hört

und verleihen Flügeln Gehör.

Dieser Kampf wird sein Ende nie finden

jeden Tag aufs Neue erfinden

Ideen und Versuche, und besser geht immer

wir fluchen - aufs gestern und heute - noch nie ausprobiert

was geschieht wenn man freiwillig verliert

das Schwarz und das Weiß schon lange verloren

in den Gräben des Vorurteils aufgehoben.

Kein gegen ein mit, ein Einer für Alle Auftritt

denn das Leben das knechtet knechtet alle im Gleichschritt.

Und irgendwie benommen

stumm nickend festgestellt

die Armut ist im Zentrum angekommen

Exklusion im großen Stil frage ich mich nun wie viel

diese Räder an Fahrbahn noch brauchen

Wer es von uns weiß darf ins Abstellgleis tauchen

Kapitel 5: 21,22: Protest.

Ich beschreie die Welt. Alles läuft. Herz gebrochen (hatten wir das nicht schon einmal?) aber Mut gefunden.

Die Welt brennt noch immer nicht, aber es ist auch irgendwie in Ordnung. Europa bereisen, etwas von der Welt sehen. Bei minus 20 Grad in unbeheizten Tourbussen schlafen.

Das Protestieren bleibt, und Fleisch werde ich wohl nie mehr anrühren. Herz zusammensetzen, Scherben ordnen oder wie Markus Wiebusch singt:

„Das Gute an den schlechten Zeiten, Pferde satteln, weiterreiten".

Zukunft ungewiss. Wachsen werde ich wohl jetzt auch nicht mehr.

The Smiths, The Weakerthans, Kettcar, Turbostaat

Testament

Tötet mich
Nagelt meinen Kopf an eine steinerne Mauer
und bespuckt mich mit eurem Gift

Bewerft mich mit den für euch verfaulten Tomaten
Ich werde sie mit meinen Zähnen fangen
und sie genussvoll verspeisen

und
dabei werde ich
euch ins Gesicht lachen
bis ihr
bis ihr zu
Bis ihr zu bluten
Biss
ihr zu bluten beginnt
für all
die unzähligen Morde
die ihr täglich begeht
(immer und immer wieder)

Hnpit

Wo sind die Zeiten
in denen ich wissen wollte
warum
Nun gleite ich
von der Gleichgültigkeit beschwipst
in die Armada der Leere
mit der ich auf ein Begräbnis trinke
das ich nicht einmal bezahlen kann

Fallkurve

Ein neuer Krieg
auf 114 Flat Screen
verlorene Raketen
auf HDD
Aktien fliegen nieder
von
Tripple
A

Zur goldenen Enthauptungsmaschinerie

GRINSEN

(von)

AUSSEN

wie müdes Katzengetrampel

auf dem Weg in die Unendlichkeit

ständiges GRINSEN aufgesetzt in der Unwirklichkeit

leise TRÄNEN von INNEN

zersetzen deinen Willen

Kalter SCHMERZ

zerschmettert

deine SEHNSÜCHTE

Lodernde Aussichtslosigkeit

verbrennt deine HOFFNUNG

Heiße Lava

auf dem Weg in dein Gehirn

wie Katzengetrampel

AUSSEN

GRINSEN

493 39 13 666

Hass zerfrisst die gläserne Hülle in der ich wohne
und treibt den Mietpreis in die Höhe
Ich zahle die Zinsen jeden Tag
für das Sofa in meinem Herzen

Es ist schwer auf ihm einzuschlafen
und ich habe keine Reserven, die ich einlegen könnte
Zu viele Nummern zerstören meine Sicht der Dinge
Nichts als Zahlen

Wo sind die Nächte, in denen ich nur Trauer empfand?
Mitleid, dann Angst.
gefolgt von Verzweiflung, später Wut.
Jetzt beinahe Hass.
Ich fürchte mich vor dem danach.

Vielleicht sollte ich meine Wohnung sprengen
und die Versicherungsprämie kassieren
um damit zu flüchten.

Polaroid

Ein kurzer Blick bringt sie zurück
die alten Gedanken, Augen, Tränen, Blut und Sommer
während die Hyazinthen immer noch blühen
hinter dem Haus,
und rote Rosen verdecken das Erdreich
in dessen festem Mauerwerk
alternde Granaten und Splitterbomben schlafen,
und warten auf lautes Kinderlachen

Lichtspiele

Es ist alles nur Illusion
Illusion ich
und Illusion du

Und auch die Bomben und Granaten
die im Sekundentakt explodieren
und tausende und abertausende
Illusionen vernichten

Geometrisches System

Kreise und Hyperbeln

mehr braucht ein Mensch wohl nicht

Zehn Sekunden und man hat ein Gesicht

auch schreibt man auf diese Weise

schnell ein Gedicht

Wir könnten sogar unterscheiden

zwischen Schatten und Licht

Nur macht das noch einen Unterschied?

Kreise und Hyperbeln

explodieren auch im Krieg

Es stinkt und brennt und blutet

wie spricht man da von Sieg?

Kreise und Hyperbeln

besetzen unsere Stadt

Vielleicht sind´s auch nur Menschen

Mathematik anstatt.

Vom besseren Leben

Lass uns das Mondlicht einfangen
wie weißen Wein auf meiner Haut
Lass es uns aufsaugen
und niemandem davon erzählen

Wir werden frei sein, und fliegen
raus aus ihrem Dreck,
den überdimensionierten Müllhalden,
dem gestreckten Crack
Raus aus dem Leid,
und dem ständigen Durst

Lass uns sie blenden mit dem Licht
Damit sie für eine Sekunde sehen
was die Wahrheit jeden Tag sieht,

und ich hoffe,
sie ersticken daran.

Taktlos

Der Tag an dem die Wolken brachen,
und die Nacht in der die Sterne schliefen
der Weg der unter Wurzeln weilt
und die Luft die ich im Hals behalte
Nie wieder
will ich sehen
wie mein Hauch im Winterfrost
verraucht
Nie wieder
schweigend in den Spiegel starren
Nie wieder
tausend Tode sterben
Um dann doch
am nächsten Tag wieder aufzuwachen

Reflexzonen

Bitte: Schrei nicht so mit mir.
Ich habe Angst,
dass dein Worte an mir abprallen
und dich verletzten könnten

Ausweg

Das Leben ist ein Fluss
und ich
ein Stückchen Treibholz das darin schwimmt

Niemand fragt mich ob ich will
gezwungen in den Sumpf
meinen Weg geradeaus zu wählen

Leichte Turbulenzen
formen Narben und ritzen Striemen in meine Oberfläche
eines Tages
werde ich mich querstellen
und zerbersten
zwischen zwei Felsen
die da schon so lange stehen
seit es Menschen gibt
die hassen

Nimmerland

Mein Lächeln ist erstarrt und ich war noch nicht einmal dabei
als die Knochen brachen
und das Fleisch schmolz
vom Zyklon - in Auschwitz
Mein Lächeln ist gefroren
und ich habe ihnen nicht einmal ins Gesicht gesehen
den Kindern mit den Schaummündern,
den großen Augen und den krummen Nasen
vom gelben Staub in Vietnam
Mein Lächeln ist zersplittert
und ich weiß noch nicht einmal was sie verwenden
in Palästina, in Afghanistan und im Irak
in unseren zerreißenden Herzen
Doch ich hoffe es sind Kinder
die die Splitter finden
und sie wieder zusammensetzen
mit Spucke und Schlamm.
Und vielleicht können sie eine Lehmhütte daraus errichten
oder einen Fußball formen
und einen kleinen Obstbaum darin wachsen lassen
jetzt und hier (für einen schönen Gedanken)

Mein rechter Platz ist frei

Das Klopfen der Trommeln wird wieder lauter
schnell kommen sie
das alles hatten wir doch schon.
Vergangen
vergangen wie wir uns vergangen sind
im Kreis
Und am Ende treten wir an den Rand
der Bühne
sodass immer weniger Platz bleibt,
und Land
Es ist wie in dem alten Kinderspiel
die „Reise nach Jerusalem"

Nur sind dort
Bomben und Granaten und Minen
Leichen und Selbstmordattentäter
die genau wissen
überbleiben kann am Ende
nur einer

Nach dem Lärm

Hätt´ ich all das Geld der Welt
würd ich es vergraben
und auf den verwitterten Resten
von zur Bedeutungslosigkeit reduzierten Bomben
ein Feld aus Weizen säen
und dazwischen ein Blumenfeld
für dich

Wetterschwankung

Ich liebe dich
und alleine die tiefen Ringe unter meinen Augen
können es dir beweisen

Wenn meine Tränen verdampft sind
werden sie aufsteigen
und wieder zu Flüssigkeit werden

und es tröstet mich zu wissen
Du wirst einen Regenschirm brauchen
um sie von dir fern zu halten

1000 Stück

Ein Puzzle
das nicht zu lösen ist.
Zu viel Platz
zu wenig Teile.
Vor einigen Jahren
vielleicht
hätte ich eine Lösung gefunden,
doch heute
kostet mich mein Versagen
nur noch ein müdes Lächeln

Kleine Erfrischung

Ich kann nicht
immer weitergehen
ohne zu wissen warum und weshalb.

Das Wasser kocht
und der saure Regen
hat seine erfrischende Wirkung
schon vor Jahren verloren

Geschichtsstunde

In Kambodscha starben
zwischen 1975 und 1979
in nur 4 Jahren
3000000 Menschen.
Ein paar Nullen mehr- und Nullen zählen ja nichts
als es uns die Mächtigen berichteten um unsere Lust an
Tiefkühlpizza nicht zu verlieren
Das ist jede dritte.
Das ist meine Mutter,
meine Freundin, Ihr Vater, meine Oma,
2 Tanten, 4 Onkel, meine 2 besten Freunde,
eins meiner zukünftigen Kinder
16 meiner Nachbarn.
Keine Hilfe kam, überlassen dem Schicksal
(welch ironisches Wort in diesem Zusammenhang)
Immer nur neue Bomben, von neuen Feinden.
Wenn der Wunsch selber an der Reihe zu sein
um deine Nächsten zu beschützen
grösser wird als der Wunsch zu überleben
Wenn Säuglinge auf Restauranttische fliegen
scheint die Hoffnung für immer verloren.
Warum bilde ich sie mir dann immer noch ein?

Schlechter Umgang

Wie umgehen mit der Angst
die umgeht
und hereinkriecht
durch geästete Dielen
und morsche Fensterrahmen
wo sie dir der Wind ins Ohr setzt
wie Flöhe
und der tosende Lärm
in jede Ritze deines Herzens
wo sie sich durchbeißt und sattfrisst
an alten Dramen und vergangenen Katastrophen.
Erwachen des Erschreckens.
Erwach(s)en aus dem Unaussprechlichen
und dem Unvorstellbaren
Die Leinwand bleibt unschuldig
verurteilt zum Leben
wie ein zitternder Mund
der schweigt

Letzte Runde

Wohin kannst du gehen, wenn es nicht mehr weiter geht
und der Boden unter deinen Füßen langsam auseinanderfällt
einfach nur glücklich sein
als wenn das so einfach wäre
vielleicht das falsche Ziel am richtigen Ende
und du schreist längst nicht mehr
es regiert die Stille
und es gehorcht dir längst nicht mehr
dein eigener Wille
Geschehen lassen. Treiben.
Wenn ich dafür nur gemacht wäre,
für diesen einen Schritt nach dem anderen.
Abwarten und Tee trinken
war noch nie meine große Stärke.
Und die Last der Welt
trifft mich jetzt mit voller Härte.
Und zum allerersten Mal fühle ich mich
unbewaffnet und im Stich.
Gelassen im Herzen
verbunden in Schmerzen
nehm ich alle meine Kraft
und trag sie in den Ausverkauf.

Trotzdem dennoch

Alle sagen
ich verschwende nur meine Zeit,
aber ich scheine lückenlos
wenn ich daran denke
ich verschwende sie
an dich

20Beat

Schlag. schlag. Schlag
Tritt
Schlag. tritt. Schlag
Tritt. Schuss. Schlag. Schuss.

Ein Rhythmus
den
man
mit
den
Füssen
mitstampft

Schulheft

Mein schönes großes Leben
an mir vorbeigezogen
in 14 alten Kisten
von der Autobahn geflogen
die Hoffnung eines Jahrzehnts
auf DIN A 4 gelogen
zufällig entdeckt
und absichtlich verloren
und so fand ich es
schwarz auf weiß
in diesem alten Schulheft (Stufe eins)
Mehr Zeichnungen als Schule
und mehr Parolen als Fleiß
so fand ich es
schwarz auf weiß

(und plötzlich war sie wieder da, die Zeit, zu allem bereit)

And we can change the world, change the world
Nein ich hab mich nicht verlesen, Nein ihr habt euch nicht verhört
we can change the world, und wir werden es auch tun
denn irgendwann da ist genug genug

Und wir können alles schaffen
wenn wir nur wollen
und ich glaube es noch immer
und ich schleich auf leisen Sohlen
in die Gedanken meiner Kindheit
Freiheit neu entdeckt
und die Erinnerung hat meine
Hoffnung neu erweckt

(um zu tun was eben getan werden muss,
für einen Weg aus all dem Überfluss)

And we can change the world. Change the world.
Nein ich hab mich nicht verlesen, Nein ihr habt euch nicht verhört,
we can change the world, und wir werden es auch tun
denn irgendwann da ist genug genug

Yes, we can change the world.

Lyrics from the Song Schulheft, composed by Musikcafe Prenner

Kapitel 6: Zwischen den Zeilen

Die Zukunft ist ungewiss. Ich schreibe kaum mehr Gedichte. Liedtexte ja. Pamphlete und Manifeste waren gestern. Der Kampf zwischen jung bleiben wollen und erwachsen sein müssen bleibt bestehen. Zumindest die Todessehnsucht hat sich verzogen. Ich bin aus den düsteren Schatten getreten. Hinein ins Leben. Und hoffe es bleibt. Um es mit Joe Strummer zu sagen: „The Future is unwritten yet". Und eine Erkenntnis ist geblieben. Das Herz kann öfter als einmal brechen, und aus der schlimmsten Heiserkeit erwächst eine neue Stimme immer und immer wieder.

Das Leben ist ein Abenteuer und ein ständiger Kreislauf aus Lernen, Wachsen und Scheitern. Ein Trümmerhaufen aus Blumenduft. Manchmal wird alles gut. Zumindest für einen Augenblick. Und wir wünschen uns alle glücklich zu werden. Zumindest manchmal.

Die Kunst ist jung zu sterben, und das so spät als möglich.

Peter Music ist mittlerweile 36 Jahre alt. Er ist Schreiberling und Gärtner, Tierschützer und Jugendarbeiter, Marmeladeneinkocher und Hundespaziergeher. Er ist Musiker mit einem beständigen Faible für Punk Rock und Kellerdiscotheken. Er ist ein schlechter Brettspielverlierer, Sozialpädagoge und Hobbykoch. Reiselustig und Wurzelsucher. Er ist Rebell und in der Sonne Faulenzer, Lagerfeuerromantiker und Augenüberdreher. Er ist eine Stimme die erzählen will. Und lernen. Und wachsen. Und träumen.

Und hoffen. Von einer besseren, gerechteren Welt. Es gibt sicher auch einen seriöseren Teil in ihm. Einen mit gekämmten Haaren und gebügelten Hemden. Einen mit „echter" Arbeit und Brötchen verdienen. Aber dieser Teil ist noch nicht Teil dieser Gedichte.

Zusammengetragen aus alten Servietten im Sommer 2017

Zeitfracht Medien GmbH
Ferdinand-Jühlke-Straße 7
99095 Erfurt, Deutschland
produktsicherheit@kolibri360.de